स्वावलंबी

समर्थता से आत्मनिर्भरता की उड़ान

AF104888

सरिता प्रसाद

XpressPublishing
An imprint of Notion Press

XpressPublishing
An imprint of Notion Press

No.8, 3rd Cross Street, CIT Colony,
Mylapore, Chennai, Tamil Nadu-600004

Copyright © Sarita Prasad
All Rights Reserved.

ISBN 978-1-64919-447-3

This book has been published with all efforts taken to make the material error-free after the consent of the author. However, the author and the publisher do not assume and hereby disclaim any liability to any party for any loss, damage, or disruption caused by errors or omissions, whether such errors or omissions result from negligence, accident, or any other cause.

While every effort has been made to avoid any mistake or omission, this publication is being sold on the condition and understanding that neither the author nor the publishers or printers would be liable in any manner to any person by reason of any mistake or omission in this publication or for any action taken or omitted to be taken or advice rendered or accepted on the basis of this work. For any defect in printing or binding the publishers will be liable only to replace the defective copy by another copy of this work then available.

मैं अपनी यह पुस्तक उन् सभी को समर्पित करना चाहती हूँ , जो अपने जीवन में नए विचारों का स्वागत करते है , सपने चाहे वो कितना भी कठिन हो पूरी करने की हिम्मत रखते है, दृढ़ता के साथ सामाजिक बुराइयों का विरोध करते है तथा समाज में सकारात्मक प्रभाव लाने की कोशिश करते है| |

मैं आप सभी का धन्यवाद करना चाहूंगी की आपने मेरी पुस्तक को सम्मान दिया एवं इस पुस्तक में लिखे विचारों का सहयोग कर आत्मनिर्भर होने के सफर को और खूबसूरत बनाया|

क्रम-सूची

भूमिका vii

1. माँ 1
2. सफर अभी बाकी है... 4
3. कहानी 6
4. इंतज़ार कर ले... 8
5. और चलना है... 10
6. सफर 12
7. अंधकार 14
8. न रुकना मंजूर मुझे... 16
9. कुछ तो कर के दिखा... 18
10. "सवाल" 20
11. दोस्ती 22
12. तितली 24
13. आशा 27
14. विवाद 29
15. आजादी 32
16. वीर 34
17. भ्रष्टाचार 36
18. मन की आवाज़... 38
19. साहस 40
20. इजाजत... 42
21. क्यों? 44

• v •

क्रम-सूची

22. मासूमियत की हत्या...	46
23. किसान	48
24. कौन बड़ा धर्म या त्याग?	50

भूमिका

प्रस्तुत पुस्तक 'स्वावलंबी' व इसकी सभी कवितायें मेरे विचारों का संकलन है | स्वावलंबी का अर्थ होता है,स्वयं पर निर्भर होना या आत्मनिर्भरता | इस किताब में किसी एक विषय को लेकर कोई विशेष टिपण्णी नहीं की गई है , यह विविध विषयों का संकलन है | इस किताब की हर कविता एक प्रेरणा के साथ उजागर होती है , कुछ ऐसी प्रेरणा जो हमारे आस- पास सकारात्मकता व नए विचारों को सामने लाये |

हमारा जीवन कभी सरल नहीं होता है , कई विषमताएं होती है , परन्तु उस विषम घडी में किस प्रकार अपने आप को सकारात्मक रखना है यह सिर्फ हम पर ही निर्भर करती है | बच्चन जी एक कविता इसे बहुत अच्छे से उजागर करती है - जो सच्चा मधु से जला हुआ कब रोटा है चिल्लाता है ? जो बीत गई सो बात गई... अर्थात सकारात्मक मन से आगे बढ़ जाना मेरी कविताओं का उद्देश्य है |

इसी के साथ- साथ जीवन में हार और जीत का महत्तव भी बताया गया है | कई बार हमारे निरंतर प्रयास के बावजूद हमारे सपने हमसे दूर चले जाते है , इन् कविताओं के द्वारा एक नया जोश भरने की कोशिस की गई है ताकि हम अपने हार से नई शिक्षा लेकर जीत की रह में मुक्कदर हो सके |

मैं आशा करुँगी की ये पुस्तक आप सभी को पसंद आएगी जिससे मुझे नयी पुस्तक लिखने की प्रेरणा मिले और अपने विचारों को एक नए रूप में आप सभी के समक्ष प्रस्तुत करने में सक्षम रहूं |

1. माँ

माँ जिसने जीना सिखाया..

स्वावलंबी

छोटी सी थी जब चलना सिखाया था,
माँ ने मुझे अपने गोद में उठाया था,
हँसने रोने का ज्ञान नहीं था,
गुदगुदा कर तब माँ ने मुझे हँसना सिखाया था|

आँखों के आंसू माँ के अंचल से सूखते,
दो रुपये माँ के बटुवे से निकलते,
यूँ तो खिलोने बहुत थे मेरे पास,
पर उसे पकड़कर खेलना भी तो माँ ने सिखाया था|

धूप में खेल-खेल कर पैर थक जाते थे,
उन थके हुए पैरों को तो माँ ने ही दबाया था,
तोतली सी जुबाँ को माँ ही तो समझती थी,
हमारी हर बचकानी हरकतों पर माँ हँस दिया करती थी|

छोटे से पैर अब बड़े हो रहे है,
अपनी जिम्मेदारियों पर खड़े हो रहे है,
माँ ने ही सिखाया था कलम पकड़ना,
अब उसी माँ से हम पीछा छुड़ा रहे है|

गलती हमारी नहीं है माँ की है,
छोड़ देना चाहिए था, हमें हमारे हाल पर
तब शायद   हम इंसान बन जाते,
हैवानों के स्थान पर ||

माँ की अंचल में बिता है बचपन,
उसी माँ ने हर मुश्किलों से बचाया था,
लाख मुश्किलों के बाद भी,
माँ ने मुसकुरा कर हर गम को छुपाया था|

बड़े होने पर हम क्यों बदल जाते है ,
मां को बच्चों की तरह क्यों नहीं पाल पते है ,
क्यों कमी रह जाती है हमारे प्यार में?
क्यों सिर्फ एक बार जाते है मिलने साल में ?

2. सफर अभी बाकी है...

अंत न होने वाला सफर...

दो पल और ठहर जा सफर अभी बाकी है,
मंज़िल जरूर मिलेगी तुझे ये खबर आना अभी बाकी है|

दो कदम बढाकर आगे मत जाना तू रुक ',
हर कोशिश लाजवाब होगी मत जाना तू चूक|
मंज़िल ज़रूर मिलेगी यह विश्वास अभी बाकी है,
दो पल और ठहर जा ,सफर अभी बाकी है|

मुश्किलें तो आएंगी तुझे मजबूत बनाने को,
पर मुश्किलों से कैसे लड़े यह तय करना अभी बाकी है|

दो पल और ठहर जा
सफर अभी बाकी है|

आँखों में सपने लेकर जब बच्चे बड़े होते है,
उन सपनों को तोड़ने को , कई हैवान भी खड़े होते है;
जब हैवानो को हराकर विजय मिलती है,
उस विजय को महसूस करना अभी बाकी है,

दो पल और ठहर जा,
सफर अभी बाकी है|

3. कहानी

कहानी कुछ जानी पहचानी

माँ मुझको सुनाओ न कोई कहानी ऐसी,
वीरता हो, साहस हो, और न हारने का जज़्बा भी;
सोच में डूबी माँ ने, खोला कहानियों का गुच्छा,
बता कौन सी कहानी बोलूं, माँ ने धीरे से फिर पूछा ?

रानियों की वीरता का गान सुनाऊँ?
या राजाओं के लालिमा का?
सेना प्रमुख के बहादुरियों से,
धन्य होता था जग सारा |

कभी न हरी थी एक स्त्री होकर उस जग में भी,
हम सब की प्रेरणा बनीवो इस कलयुग में भी,
वीरता,साहस व् न हरने का जज़्बा हमने उनसे ही तो जानी,
ये कहानी थी,उस वीरांगना की जो थी झांसी की रानी |

जग बना है और बनेगा बहादुरयों का हिस्सा,
सेना प्रमुख के कहानियों का कुछ ऐसा होता था किस्सा,
राजाओं को दे देते थे अपना संपूर्ण जीवन सारा,
मर मिटते थे ताव से, सर पर लगा पवित्र नदियों की धरा |

राजाओं की वीरता भी कुछ कम नहीं थी, बिटिया रानी
कह कर माँ फिर थक गई, इतनी सारी कहानी,
कहानियों की दुनिया विशाल इतनी होती है ,
मनोरंजन और शिक्षा दोनों हमें देती है |

4. इंतज़ार कर ले...

इंतज़ार सही समय का..

कमजोर नहीं है तू, बस इतना समझ ले,
लड़ने को तैयार हो जा और कमर कस ले,

तिलक लगा कर युद्ध में जब राजा विजयी होता है,
उस ख़ुशी को तब वो अपनी आंसुओं में पिरोता है,
नहीं मानता हार वह कई बार गिरने पर भी,
फिर मिल जाता विजय उसे एक बार लड़ने पर ही|

एक स्त्री जब कदम बढाती है,धरती भी काँप जाती है,
पापियों का अंत कर तब वह अपने घर को आती है,
लेकर चेहरे पर मुस्कान वह हर दर्द सह जाती है,
फिर भी लोगों द्वारा वह क्यों अबला कहलाती है?

न जाने इस समाज में कितने स्तरबट गए है,
हर वर्ग आँखों में आंसू लेकर इस दर्द को सह गए है,
ऊँच- नीच,भेद -भाव तो जन्मो की समस्या है,
वर्गों में राजनीति करना यह भी तो एक समस्या है|

न चल समाज की बेड़ियों को लेकर,कदम लड़खड़ा जायेंगे,
तोड़ इन्हें और आगे बढ़ ये तुम्हें मंज़िल तक ले जायेंगे|
कमजोर नहीं है तू बस इतना समझ ले,
मंजिल पाने का बस तू इंतज़ार कर ले,

बस इंतजार कर ले .....

5. और चलना है...

सपनो की पहचान..

सरिता प्रसाद

अभी न रोको और चलना है,
सौ बार गिर के भी सौ बार संभलना है|

    आँखों के आंसू तोले नहीं जाते,
    दर्द दिल के बोले नहीं जाते,
    बस अब और हिम्मत कर आगे बढ़ना है,
    सौ बार गिर कर भी सौ बार संभलना है|

इस संसार में अपने और पराये का भेद नहीं होता,
दोनों दुःख दे जाते है जिसका कोई समय निश्चित नहीं है,
मुस्कुराना भी एक कलाहैजो हर गम छुपा जाते है,
आँखों के नमी को गले लगा जाते है|

    मुश्किलों से मिलती है एक अच्छी जिंदगी,
    इसे यू ही बर्बाद करना ,यह भी तो गुनाह है|
    अभी न रोको और चलना है,
    सौ बार गिर कर भी सौ बार संभलना है|

सपने जब नज़र आने लगे ,तो उसका हाथ पकड़ लो,
न जाने दो उसे , जब तक न मंज़िल पा लो,
सपने ही है जो तुम्हें रास्ता दिखलायेंगे,
आगे बढ़ने का हौसला दिलाएंगे|

    लाखों तुफानो के बाद भी,अभी और संभलना है,
    सौ बार गिर कर भी सौ बार संभलना है||

6. सफर

हौसलों से भरी सफर..

रुक- रुक कर चलने से,
ठहरने की आदत हो गई,

मुश्किलों से भाग जाती थी,
पर अब भागने की हिम्मत न रही|

शुरू किया जब चलना,
तोरास्ते छोटे दिखने लगे,
पहले लगते थे नामुमकिन,
अब मुमकिन लगने लगे|

कई बार टूटे हौसले,
हौसलों से नई उम्मीद आई,
जिसे भूल आई थी मैं कहीं,
वह हिम्मत मैंने वापस पाई|

मुस्कुराना भी भूल ही गई थी,
उस भूल को सुधर लिया,
अब मुस्कुराते हुए फिर से,
सफर में चलना तय किया|

ठहर जाती है अक्सर,
वो लम्हे जो दुःख दे जाती है
कैसे उभरे उनसे,
यह हमपर ही निर्भर करती है|

सफर में हर वक़्त गुलाब न बिछा होगा,
कभी कांटे ,कभी पत्थर , तो कभी अपनों का सामना होगा,
पर तू घबरा मत दिक़्कतों के बाद ही तो विजय मिलेगी,
चलते रहना इस सफर में ,मुश्किलें कब तक रास्ता रोकेंगी?

7. अंधकार

अंधकार एक नई उम्मीद

अंधकार में रहने की आदत हो चली,
चार दीवारों और एक खटिया के साथ,
दूर कहीं रौशनी की झलक मिली,
पर हुआ न उत्साह मन में अब|

कुछ पाने की इच्छा ने, अपनों से अलग किया,
मेरे दो कदमों ने सबमे क्रोध भरा,
न समझ पाई अपने जीवन को मैं,
चारों ओर अंधकार हो गया उस समय|

बहुत मुश्किलें आई कई सवालों के साथ,
दुःख है, न समझ पाया कोई मुझे आज,
न जाने क्या मोड़ लेगी मेरी जिंदगी?

बस एक ही सवाल है, मेरे ईश्वर,
बता दे मुझे क्या चाहते है आप?
क्या चाहते है आप?

8. न रुकना मंजूर मुझे...

न हारने का जज़्बा

चलने को न जी चाहता है, न रुकना मंजूर मुझे,
सपने पूरे करने है पर ना झुकना मंजूर मुझे,
दो कदम चल कर क्यों रुक जाती हूँ मैं?
मुश्किलों के आगे क्यों झुक जाती हूँ मैं?

न छीन मुझसे, इन पलों को,
यह मेरी ज़िन्दगी है क्यों भूल जाती हूँ मैं?

समंदर में रास्ते बनाये नहीं जाते ,तैरना सीखना होता है,
गहरे घाव छेड़े नहीं जाते ,उन्हें भरना सीखना होता है,
तू तो बहती धारा है न रुकना मंजूर तुझे,
फिर क्यों मुश्किलों से डर कर बदल दिया मंज़र तूने?

न रुकना तू अब तुझे बहते जाना है,
देख लेंगे उसे जो तेरे सामने आना है।
एक बार कुछ कर के दिखा, फिर दुनिया कदम चूमेगी,
कर के आँखें बड़ी-बड़ी, देख लेना मुश्किलों को भी।
तू तो बहती धारा है न रुकना मंजूर तुझे,
सपने पुरे करने है न झुकना मंजूर तुझे।

9. कुछ तो कर के दिखा...

हार से जीत की शिक्षा

हार को हराने का, कुछ खो कर भी कुछ पाने है,
अब तू हौसला जगा, कुछ तो कर के दिखा|

तू क्यों हर पल घबरा रही, कुछ तो होगा सही,
आँखों में तू क्रोध जगा, कुछ तो कर के दिखा|

छोटी से घटना भी, सिख दे जाती है,
कभी-कभी बड़ी घटना भी कुछ नहीं सीखा पाती है,
शिक्षा तो जीवन के हर पहलु में मिल जायेगा,
यह सोचो की तुम्हे उसे देखना कब आएगा?

न रुक तू अब खुद लहर बन जा,
कुछ तो कर के दिखा...

अपनों के लिए कुछ करना, जितने दुःख झेलेहै,
उन्हें खुशियों में बदलना है,
बस मुस्कुरा हर मुश्किल आसान हो जाएगी,
हज़ार दिक्कतें भी कुछ नहीं बिगड़ पाएंगी|

न रुक तू अब, न खुद को सुला,
कुछ तो कर के दिखा|
कुछ तो कर के दिखा||

10. "सवाल"

सवालों की गठरी ?

चल मुसाफिर चल, दो कदम अब और है,
मेरे पीछे लोगों का न जाने कैसा शोर है?

कदम-कदम पर लोगों ने, कई सवाल खड़े किय,
ऐसे सवालों ने मुझे अंधकार में ही घेर लिए|

किसने हक़ दिया इन्हें,मेरे जीवन के फैसलों का,
काश, जवाब दे पाती मैं उनके बचकाने सवालों का,

सवाल कुछ ऐसे थे जैसे लड़की होना गुनाह है,
माता -पिता ने सान्तवना दिया बेटी तू ही मेरी प्रेरणा है|

जग रोशन हो जाता है जब बेटी दुनिया में आती है,
फिर भी लोगों द्वारा वो कोख में ही मरी जाती है,

क्या बीतता है उस पर न सोचा किसी ने आज तक,
बेटी ही है जो चढ़ गई हिमालय की चोटी और चाँद तक|

काल बदला समय बदला, न बदला सवाल आज तक,
अब तो पहुंचना होगा हमें इन् सवालों के जवाब तक|

11. दोस्ती

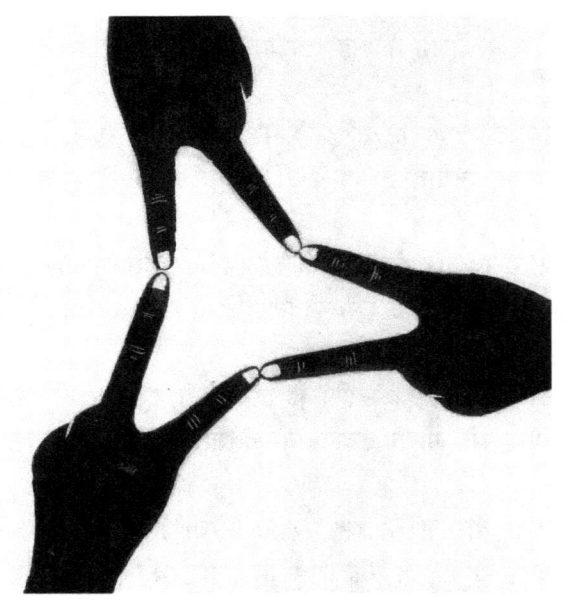

जीवन का खूबसूरत तजुर्बा

किसी ने पूछा मुझसे, दोस्ती क्या होती है?
मैं मुस्कुराई और तुम्हारा नाम लिया।

दोस्ती में भी दो शब्द जुड़े होते है,
दो पल नहीं जीवन भर का साथ जुड़ा रहता है,

दोस्त के साथ हर गम गुजर जाता है,
फिर उसे याद करने का मौका नहीं आता है|

दोस्त एक दूसरे के हमदर्द होते है,
एक रोये तो दूसरे के आंसू निकल आते है,
दोस्ती कभी जताई नहीं जाती,
दोस्ती में मुस्कुरा कर गम छिपाई नहीं जाती|

पल-पल की खबर रखते है दोस्त,
गलती करो तो माँ बन जाते है दोस्त,
दोस्त फिर कभी पुराने नहीं आएंगे,
लौट कर फिर दोस्ती के ज़माने नहीं आएंगे|

किसे पता था दोस्ती इतनी विशाल होती है,
दूर रह कर भी जीवन भर का साथ होती है,
एक बार तो जीवन में दोस्त बनाओ ऐसा,
जिसकी ऑंखें पढ़ती ही हर लब्ज़ बयां होती है|

हार में भी जीत का एहसास दिलाते है दोस्त,
हर चीज़ को अपना कह कर हक़ जताते है दोस्त,
प्यारी सी मुस्कान उसके चेहरे पर जब आती है,
हर खोई हुए यादों को भी वह ताज़ा कर जाती है|

हर मुस्कुराहट के पीछे का कारण होता है दोस्त,
हर मुश्किलों से लड़ने का सहारा होता है दोस्त,
पूछ लेती हूँ आज भी दोस्ती के मायने,
जब कभी मिलते है हम दोस्त पुराने|

12. तितली

कुछ नामुमकिन ख्वाब

उड़ता देख तितली को,
मुझे एक ख्याल आया,
क्यों नहीं है पंख मेरे?
मन में ये सवाल आया।

               मस्त गगन में उड़ती है वो,
               जब पंखों को फैला कर,
               ललच उठता है मन मेरा,
               उसको यूँ आजाद देखकर,

होते पंख अगर मेरे,
न होता कोई बांध,
उड़ती मस्त हवा में मैं भी,
छू आती मैं चाँद।

               खेलती उन पगो के संग,
               शयन होते उन फूलों पर,
               भौंरों से करके लड़ाइयां,
               मन बहलाती झूलों पर।

न रिश्ते न दुःख,
न जीवन के चढ़ाव होते,
टकरा गई अगर पर्वत से,
मृत्यु मुझे गले लगते।

न शोक न पीड़ा,
न ही दुःख का अहसास होता,
न लोभ न सुख,
न लालच का उद्भव होता॥

13. आशा

कोशिश करने की आशा

स्वावलंबी

न रोक उसे जो जा रहा, अपनों को पाने की आशा में,
वक़्त जो गुजर रहा रोक उसे, खुद कुछ करने की आशा में,
दूर अंधकार दिखाई दे रहा, जा नजदीक रौशनी फैला,
उस अंधकार को जगमग करने की आशा में|

आशा तो दिल की होती हैं क्या हुआ जो पूरी नहीं हुई,
कोशिश करना हमारी फितरत है,
क्या हुआ जो अधूरी रह गई,

हार मानना सीखा नहीं जीत की आशा में,
हौसला कभी टूटा नहीं,
कुछ खास करने की आशा में|

कलम उठा कर पन्नेपर, लिखने की आशा में,
तोड़ मरोड़ कर शब्दों को, अपने ही भाषामें,
लिख दो वो विचार जो मन में तड़प रहे है
आँखों के सवाल जो हर जगह उमड़ रहे है|

चेहरे पर मुस्कराहट लानेकी आशा में,
बस कुछ लिख देती हूँ, अपनी ही भाषा में||

14. विवाद

न सुलझने वाला मुद्दा

यह मेरा देश यह तेरा देश,
यह मेरा धर्म ये तुम्हारा है,

      धर्म और जाती समाज को बाँटे है,
      तभी तो भारत मेरा व पाकिस्तान तुम्हारा है,
      संपूर्ण विवाद कश्मीर से है,
        शुरुआत हुई जिसकी लकीर है।

भाई- भाई से रिश्ते थे,
दोस्ती व याराना था,
अंग्रेज़ों ने आकर जिसका,
कर दिया बटवारा था।

      कुछ दाल व कुछ दोस्ती,
      अभी लोगों में मशरूफ थी,
      बिखर गई संपूर्ण यारी,
      मजबूर जिसकी नींव थी।

मजहब अलग थे, धर्म भी,
सोच नयी थी, विचार भी,
आतंकी के नाम पर,
धमका रही थी, कॉम भी।

प्यार मुहब्बत बदल गया,
नफरत ने था, जन्म लिया,
क्रोध है, दोनों देशों का,
जिसनेबरबादी को ठान लिया।

नफरत कभी बदल पायेगी क्या?
फिर दोस्ती हो पायेगी क्या?
या हो जायेगा संपूर्ण विनाश,
कश्मीर कभी सुलझ पायेगी क्या?

15. आजादी

आजादी की खुशबू

सरिता प्रसाद

एक तोता था पिंजरे में,
गुलामी के जंजीरों में,
छटपटाया वह करता था,
आजादी के नशेमें|

        नशे में इतनी जान थी,
        की हर रोज़ वह चीखता था,
        पिंजरे को तोड़ने की,
        कोशिश वो करता था|

कोशिश इतनी लाजवाब थी,
की हुआ कुछ ऐसे,
वह तोड़ निकला पिंजरे को,
उन सख्त जंजीरों को|

        जिसने कर रखा था कैद उसे,
        वह खुद असमंजस में था,
        इतने मोटे पिंजरे को
        तोडा कैसे उसने?

आजादी की खुशबू,
होती इतनी नशीली है,
की बिन दुःख के आंसू बाह जाये,
भूमि को, कर देती वह गिली है||

16. वीर

देश का गर्व व देश प्रेम की अनोखी गाथा

सोचा नहीं था, किसी ने कुछ ऐसा हो जायेगा,
मुस्कुराता हुआ चेहरा, यूँ क्रोध में बदल जायेगा।
रक्षक थे, जो देश के, वे गुम होते चले जायेंगे,
बिन कारण हमसे हमारे, वीर छीन लिए जायेंगे।

सिर झुकाकर याद करूँ तो, आंखों से आंसू निकल आते है,
हमारे सिपाही सरहद पर जब, यूँ अपनी जान गवाते है।
आई, पुकार जब अपनों की, उत्तर दक्षिण व सिया चिन से,
न रंग देखा न जाति, सिना तान चल दिए वे सिर उठा के।

हमलों की बौछार से, उसने न था उफ़ किया,
याद आई अपनों की तो, धीरे, से आंसू पोंछ लिया
दूर बैठे हम, न दुःख उनका समझ पाएंगे,
बस सिपाही की सहादत पर, हमारे आंसू निकल आएंगे।

वर्दी डाल शान से जब निकलता है वह बेटा,
वापस फिर वह आता है, तिरंगे में हुआ लिपटा,
जी ली थी उसने, जो जिंदगी उसने पायी थी,
मुस्कुराते हुए उस वीर ने, मौत गले लगाई थी।

मुश्कुराते हुए उस वीर ने,
मौत गले लगाई थी॥

17. भ्रष्टाचार

गरीबी की मौत...

भ्रष्टाचार में भी भ्रष्ट विचार है,
कोई लेता निचे से है,
तो कोई गरीबी पर करता वार है|
पोंछ ले रे आंसू मेरे भाई,
गरीब है तू,
क्या किस्मत तूने पाई?

दर-दर भटकता है वो,
अफसर के तलवे चाटने को,
क्या कोई नहीं है इस दुनिया में,
उसका दुख बाँटने को?

उसने तो ये भी न सोचा,
उस गरीब की कमाई थी वो,
हर खुशियों को दाव पर रख कर,
एक- एक पैसा जमाई थी जो|

ले उड़ेगा पैसे फिर तू,
फिर अकाल आ जायेगा,
अब हिम्मत न रहेगी,
ये गरीब अब फांसी लगाएगा||

18. मन की आवाज़...

मन की चंचलता

बैठ कर, कभी पलकें झुकाये,
हँस कर तो कभी आँखों को भिगोये,
सुनी है कभी? अपने मन की आवाज़?
कह रहा था कुछ पर ध्यान न दिया मैंने,

बहुत ही ज़िद्दी था, पर समझा दिया मैंने,
खुश होता है जब भी, गाता है मिलाकर राग से राग,
क्या सुनी है कभी अपने मन की आवाज़?

भड़क उठा एक दिन मुझपर,
कहता है तू क्यों है इतनी उदास?
सोच में पड़ गई मैं,
सच ही तो है इस पगले की बात|

ज़िद्दी है बड़ा बात मनवा ही लेते है,
करके कोई न कोई जुगाड़,
क्या सुनी है कभी, अपने मन की आवाज़?

19. साहस

आंतरिक साहस

हार मान ले की ज़माना इन्तेजार में है,
तुझे तोड़कर तेरा तख़्त हासिल करने को,
लोग खड़े क़तर में है।

तू जिस दिन टूटी लोग जीत जायेंगे,
तुझे हारने की मनोकामना, उनकी पूरी हो जायेंगे,
बल शरीर की नहीं, मानसिक स्थिति की होती है,
रुकावट लोगों से नहीं, हमारे खुद के प्रयास से होती है।

ज़िन्दगी तुझे दो मोड़ दे रही है,
लड़ने और हरने का मोड़,
लड़ने का मोड़ साहसों का होता है,
हरने का मोड़ कायरों का होता है,

चुन तू कौन सा मोड़ चुन रही है?
तू ठान ले तो कोई हरा नहीं सकता,
तुझे फिर कोई सत्ता नहीं सकता,
बन्दिशें तो लगेंगी तुझ पर,
पर तू सोच ले तो तुझे कोई हटा नहीं सकता॥

20. इजाजत...

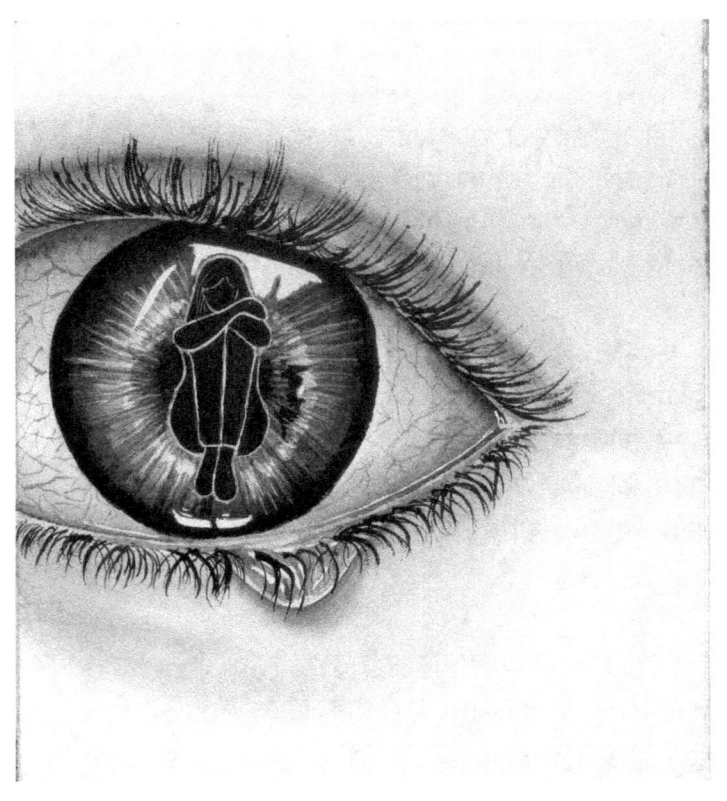

जुबान से बेहतर,कभी कभी आँखें बयां कर देती है

सरिता प्रसाद

है कहने को बहुत कुछ पर ये जुबान इज़्ज़ाज़त नहीं देता,
आँखें पढ़ लो चुपके से, क्यों की ये शिकायतें नहीं करता।

एक स्त्री का दिल कमजोर नहीं,
बस विवाद न करना चाहता है,
करना है जो कर के देख लो,
इसे जवाब भी देना आता है।

है ख्वाहिशें तोबहुत कुछ पर ये समाज इज़ाज़त नहीं देता,
आँखें पढ़ लो चुपके से, क्योंकि ये शिकायत नहीं करता।

क्या केवल खूबसूरती ही बयान की जा सकती है?
हिम्मत और जोश का कोई स्थान नहीं?
क्या केवल मर्दानगी ही दिखाई जा सकती है?
दया और सम्मान का कोई स्थान नहीं?

है कोशिश तो बहुत कुछ पर, ये बेड़ियाँ इज़ाज़त नहीं देती,
आँखें पढ़ लो चुपके से , क्योंकि ये शिकायतें नहीं करता॥

21. क्यों?

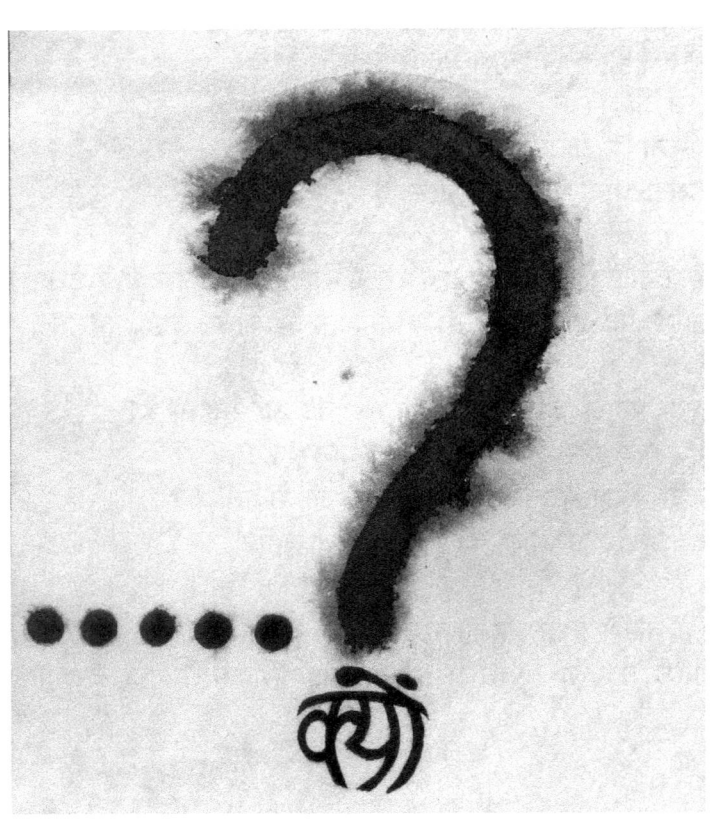

कुछ चीज़ें सवाल में ही अच्छे लगते है

सवालों की शुरुआत क्यों से होती है,
जवाबों में भी फिर एक सवाल उमड़ कर आती है,
जवाबों में सवाल वो ही ढूंढते है,
जिनके पास जवाबों की कमी होती है|

ज्यादा खुश होने में भी क्यों आता है,
तकलीफ में भी क्यों आता है,
रोऊँ तो क्यों? हँसूँ तो भी क्यों आता है|

ये तो मंजर हैजिंदगी का,
जिसकी शुरुआत ही क्यों से होती है,
खैर, जरूरी नहीं हर सवालों के जवाब ढूंढे जाये,
कुछ चीजों को सवालों पर छोड़ देना भी जरूरी है|

22. मासूमियत की हत्या...

टूटी हुई मुस्कान

नादान सी वो बच्ची थी, अक्ल की थोड़ी कच्ची थी,
मासूमियत उसके चेहरे पर, बहुत खूबसूरत लगती थी,
मुस्कुराहट से उसकी, घर भर की आँखें चमक उठती थी,
शैतानियाँ उसकी सबका मन मोह लेती थी।

इस मासूमियत पर उसकी किसी ने नजर लगाया,
अपने ही किसी ने उसका फायदा उठाया,
न समझ पाई वो सही और गलत का फासला,
उस दानव व्यक्ति को उमसे अपनी बेटी नज़र क्यों न आया?

गलत नियत और नजरियों का सिलसिला तो,
सतजुग से चली आ रही है,
वहाँ द्रोपदी ने झेला अपमान,
और आज हर स्त्री द्रोपदी बन बैठी है।

जो व्यक्ति अपना व्यक्तित्व खो बैठा है,
घर वालों ने उसे इतना सर पर क्यों चढ़ाया था?
माँ ने अपनी बेटी को दहलीजें सिखाई, पर
अपने बेटे को सही और गलत का अंतर क्यों न बताया था?

उस बच्ची की मासूमियत अब दूर हो रही थी धीरे- धीरे
जैसे ही वो घटनाओं को समझ रही थी धीरे -धीरे,
बच्चपन छीन गया उसका खामोश वो रहने लगी,
बच्ची थी वो उम्र से पर हरकतों से बड़ी होने लगी॥

23. किसान

जय जवान, जय किसान

कई मुद्दे है लिखने को,
पर ये मुद्दा तो भूल गए हम,
हज़ारों किसानों की मौत पर,
चर्चा करना तो भूल गए हम|

हर पहलू समाज का, उभर रहा है धीरे-धीरे,
लोकतंत्र का देश है ये समझ रहा है धीरे-धीरे,
हर तथ्य तो याद है पर इनके तथ्य को भूल गए हम,
उन् किसानों की मौत पर शोक करना तो भूल गए हम|

वैसे तो हर चीज़ पर चर्चा होती है,
छोटी -छोटी बात पर मोर्चा होती है,
रोये ,चीखे या चिल्लाएं,या
यूँ फांसी लगा कर अपनी संख्याएँ बढ़ाये?

दुःख उनका हम समझ पाएंगे क्या?
हर एक -एक अन्न का क़र्ज़ चूका पाएंगे क्या?
या यूँ ही किसान फांसी लगातेरहेंगे,
इनका हल हम कभी निकल पाएंगे क्या?

24. कौन बड़ा धर्म या त्याग?

त्याग की कोई परिभाषा नहीं

सरिता प्रसाद

देकर अपने कसमों और वादों की गांठ,
सीता चली छोड़ अपने प्रिय जनों का साथ,
लक्ष्मण भी है विचलित माता के इस निर्णय से,
वादों की ये गाँठ तोड़ न सके स्वयं श्री राम |

कोई रोक लो ये विचलित मन बार- बार कहता है
प्रभु श्री राम की आँखों से ये सब झलकता है,
न जाने कैसी होगी प्रिय उस वन में अकेली?
उनकी आँखें बस एक बार उन्हें देखने को तरसता है |

प्रभु की इस दशा पर हर कोई आंसू बहते है,
पर प्रभु हर दर्द सह कर भी जाने क्यों इतना मुस्कुरते है?
गौरव है वो अयोध्या के, राजा का धर्म उन्हें रोका है,
तभी उन्होंने प्रिय को दूर कही वन में छोड़ा है |

सीता जी की दशा भी कुछ खास नहीं थी वन में ,
बहुत बड़ा त्याग किया था उन्होंने अपने जीवन में,
सब सुख ऐश्वर्य को उन्होंने त्याग दिया,
लोगों के एक लांछन ने उनका संपूर्ण जीवन बदल दिया |

एक स्त्री का जीवन सरल नहीं त्याग से परिपूर्ण है,
मुस्कुराती है वो दर्द छिपाने को ये सबकी समझ से दूर है,
हर युग सुनता आ रहा है त्याग और बलिदान की कहानियां,
ये धरती है बलिदान की जिसके हम संतान है |

www.ingramcontent.com/pod-product-compliance
Lightning Source LLC
La Vergne TN
LVHW011859060526
838200LV00054B/4418
9781649194473